Grillen wie die Weltmeister

von NDR 1 Radio MV

Dieses Buch entstand auf der Grundlage einer Radiosendung in Zusammenarbeit mit NDR 1 Radio MV.

Bibliographische Information Der Deutschen Bibliothek

Die Deutsche Bibliothek verzeichnet diese Publikation in der Deutschen Nationalbibliographie; detaillierte bibliographische Daten sind im Internet über http://dnb.ddb.de abrufbar.

Lagerstraße 7, 18055 Rostock
Tel. 03 81 / 49 69 - 0
Internet: http://www.hinstorff.de

1. Auflage 2005
Herstellung: Hinstorff Verlag GmbH
Lektorin: Bärbel Mundt-König
Druck und Bindung: Neumann & Nürnberger, Leipzig
Printed in Germany
ISBN 3-356-01072-7

Grillen wie die Weltmeister
von NDR 1 Radio MV

Pfiffige Rezepte der Klippengriller
vorgestellt von
Uwe Grützmacher

und
fotografiert von
Christine Becker

HINSTORFF

Inhalt

Vorwort und Dank

Knisterndes Feuer, glühende Kohlen, würziger Rauch. Grillen erweckt Sommer für Sommer „Urinstinkte" in uns Menschen – so auch bei den „Klippengrillern".
Die Freunde aus Rostock und von der Insel Rügen entdeckten vor sieben Jahren ihre Leidenschaft für das Grillen. Seitdem kommt bei ihnen eigentlich alles auf den Grill, was die Speisekammer hergibt: Egal ob Vorspeisen, Fisch, Fleisch oder Desserts, die „Klippengriller" experimentieren ständig an neuen Rezepten. Mein spezieller Tipp aus diesem Buch: „Gegrillter Lammsattel".
Die Rezepte der „Klippengriller" sind immer etwas anders, aber immer einfach und nachvollziehbar. Entdecken Sie ganz neue Erlebnisse auf Ihrem Grill und genießen Sie die Bewunderung Ihrer Gäste.

Joachim Böskens
Bereichsleitung Hörfunk
NDR 1 Radio MV

An einem heißen Tag im Juli wurden die Aufnahmen für dieses Grillbuch gemacht. Unser Dank gilt dem Braugasthaus „Alter Fritz" in Stralsund und besonders dem Küchenchef Jan Brozinski, der uns mit seiner Mannschaft bei diesem „15-Gänge-Menü" unter die Arme griff. Die speziellen Kreationen des „Alten Fritz" sind die Perlhuhnbrust auf Seite 38 und die Schweinshaxe auf Seite 32.
„Das Auge isst mit" heißt es so schön. Dank der Fotos von Christine Becker können sich Grillfreunde in diesem Buch auch „satt sehen". Christine Beckers Liebe zum Detail hat uns inspiriert. Unser Dank gilt auch der Stralsunder Brauerei, die auf vielen Meisterschaften ein hilfreicher Partner ist. Ebenso danken wir Chemviron Carbon, unserem Holzkohlelieferanten. Mit allen Partnern an diesem Buch teilen wir unsere glühende Leidenschaft für das Grillen.

Wir wünschen allen Lesern viel Spaß und viel Erfolg mit unseren Rezepten!

Uwe Grützmacher und die Klippengriller

Wir wollen Weltmeister werden

Die Geschichte der „Klippengriller“ begann im Jahr 1997, als sich Thomas Haase im Baumarkt in einen „Barbecue Smoker“ verliebte. Das war ein riesiger, sündhaft teurer 2-Kammergrill, mit dem man grillen, räuchern und vieles mehr konnte.
Thomas ist ein Fan großer Maschinen, er repariert als Schlosser Schiffe. Er studierte den Supergrill im Baumarkt genau und – baute ihn nach. Mittlerweile hatte Thomas auch seine Umgebung mit dem „Grillvirus“ infiziert, so seinen Neffen Max, seinen Cousin Ernst und viele Freunde. Im Spätsommer 2000 traten die „Klippengriller“ dann zum ersten Mal öffentlich auf. Bei einem Sommerfest in Alt Reddevitz auf Rügen gab es das erste 4-Gänge-Menü.
Ein Zeitungsreporter kam damals mit den „Klippengrillern“ ins Gespräch und zwischen Hauptgang und Dessert träumte Thomas vom Kräftemessen mit anderen Grillexperten. Er hatte von der nächsten Deutschen Barbecuemeisterschaft in Tübingen gehört und diktierte dem Reporter sein Selbstbewusstsein in den Notizblock.
Und so kam es zur ersten „Klippengriller“-Schlagzeile: „Wir wollen Weltmeister werden“, die viele Reisen um die ganze Welt nach sich ziehen sollte.

Vorspeisen

Ein Grillfest braucht seine Zeit. Die „Klippengriller“ mögen es besonders, wenn alle Gäste schon bei der Vorbereitung ein wenig mit anpacken: Gemüse schälen und schneiden, einen Salat zubereiten, den Tisch decken und dekorieren. Jeder hilft dort mit, wo es ihm Spaß macht. Und zwischendurch gibt es schon mal ein paar Kostproben – natürlich vom Grill.
Vorspeisen sollten schnell gegrillt werden und den Appetit anregen. Halloumi, Stremellachs & Co. werden sicher dafür sorgen!

Klippengrillet
Chemviron
Carbon
Der Sommer-Hit!
Chemviron
Carbon
Der Sommer-Hit!

Stremellachs an Senf-Honig-Vinaigrette

Einkaufsliste:

4 Stück Stremellachs, 500 ml Kräuterdressing (transparent), 3 El mittelscharfen Senf, 1 El Dijon-Senf (scharf), 3 El Honig, 3 Sorten frischer Salat der Saison, frische Sojasprossen

Zutaten:	Zubereitung:
Stremellachs	bei niedrigen Temperaturen nur lauwarm grillen.
500 ml Kräuterdressing, 3 El mittelscharfen Senf, 1 El Dijon-Senf (scharf) und 3 El Honig	im Mixer mischen.
3 Salate der Saison und frische Sojasprossen	mit Vinaigrette anrichten und warmen Lachs darauf legen.

Getoastete Baguette mit Halloumi und Tomaten

Einkaufsliste:

1 Baguette, 125 g Butter, ein Bund Dill, ein Bund Petersilie, eine Packung Halloumi, 2–3 große, feste Tomaten, Salz

Zutaten:	Zubereitung:
Baguette	in 8 Scheiben – 3 cm stark – schräg aufschneiden, aus
Butter, Dill, Petersilie, Salz	Kräuterbutter zubereiten und die Baguettescheiben damit bestreichen.
Tomaten	in ca. 1,5 cm dicke Scheiben schneiden und in eine gebutterte Alu-Schale legen, 4–5 Minuten bei mittlerer Hitze grillen.
Halloumikäse	in 8 Scheiben schneiden, direkt auf dem Grillrost goldbraun grillen.
Kräuterbutterbaguette	kurz vor dem Servieren 30–60 Sekunden auf dem Grill anrösten, dann mit Tomatenscheiben und Halloumi servieren.

Gefüllte Schlemmerkartoffeln mit Röstzwiebeln

Einkaufsliste:

8 große Kartoffeln (vorgekocht), 50 g Röstzwiebeln, 50 ml Sahne, Salz, Pfeffer, Muskat

Zutaten:	Zubereitung:
vorgekochte Kartoffeln	auf der Unterseite gerade schneiden, damit die Kartoffel stehen bleibt. Oberes Viertel abschneiden, Kartoffeln mit einem Kaffeelöffel aushöhlen.
	Die Kartoffelmasse mit der Gabel zerdrücken und mit
50 ml Sahne, *50 g Röstzwiebeln,* *Pfeffer, Muskat und Salz*	zu einer streichfähigen Masse verrühren. Anschließend die Masse in die ausgehöhlten Kartoffeln einfüllen.
	Die Kartoffeln bei geschlossenem Deckel und indirekter Hitze ca. 20 Minuten grillen.

Hokuspokustomaten

Einkaufsliste:

4 große, feste Tomaten, 4 kleine Eier, Salz, Pfeffer, geriebener Käse, Butter

Zutaten:	Zubereitung:
4 Tomaten	waschen und einen Deckel abschneiden. Die enthaupteten Tomaten mit einem Kaffeelöffel aushöhlen, mit Salz und Pfeffer würzen und mit
geriebenem Käse	ausstreuen. Anschließend
4 kleine Eier	aufschlagen und je 1 Ei in eine Tomate einfüllen. Anschließend noch einmal mit geriebenem Käse und
Butterflöckchen	belegen.
	Die Hokuspokustomaten bei mittlerer Hitze ca. 5 Minuten mit geschlossenem Deckel grillen.

Pflaumen am Spiess

Einkaufsliste:

250 g entkernte, große Backpflaumen, 1/4 l Sherry, 125 g Frühstücksspeck

Zutaten:	Zubereitung:
250 g Backpflaumen	am Vortag in
1/4 l Sherry	einweichen. Herausnehmen, abtrocknen und in
125 g Frühstücksspeck	wickeln.
	Die eingewickelten Pflaumen auf Spieße stecken und so lange grillen, bis der Speck knusprig ist.

Hackfleischbällchen – Variationen mit Früchten und Feta

Einkaufsliste:

800 g Gehacktes halb und halb, 1 Zwiebel, ein in Milch eingeweichtes Brötchen, 2 Eier, 2 Knoblauchzehen, 1 Tl Salz, 2–3 Tl mittelscharfer Senf, 2–3 El Meerrettich, Pfeffer, 1 El Curry, 1 El Paprikapulver, eine Tasse gemischte Kräuter
Variante 1: 1 Apfel
Variante 2: 1 Banane
Variante 3: 100 g Feta-Käse

Zutaten:	Zubereitung:
800 g Hackfleisch	mit der fein gewürfelten
Zwiebel	vermischen.
Variante 1: 1 Apfel	fein reiben und dazugeben.
Variante 2: 1 Banane	würfeln und dazugeben.
	Dann mit dem gut ausgedrückten
Brötchen	und dem
Ei	vermischen.
2 Knoblauchzehen	mit dem
1 Tl Salz	zerreiben und ebenso wie
je 2–3 Tl Senf und Meerrettich	dazugeben. Bei
Variante 3: 100 g Feta-Käse	Senf und Meerrettich weglassen.
	Hackfleisch mit
Salz, Pfeffer, Curry, Paprika und	
gehackten Kräutern	kräftig würzen.
	Bällchen formen, diese auf Spieße
	stecken und goldbraun grillen.

Wenn Sie sich nicht entscheiden können, probieren Sie doch alle 3 Variationen und mischen die Hackfleischbällchen auf dem Spieß.

Der erste Titel

Nach dem Zeitungsinterview während des Sommerfestes auf Rügen machten sich die „Klippengriller“ euphorisch an die Vorbereitung zur ersten Meisterschaft. Immer wieder trafen sie sich zu leckeren Trainingslagern.
Die Kunst, bei einer Meisterschaft erfolgreich zu sein, besteht darin, mehrere Gänge (Bratwurst, Fisch, Fleisch, Dessert) immer genau „auf den Punkt“ zu grillen. Wenn der Schiedsrichter den Stand betritt, muss alles stimmen: von der Menükarte über die originelle Tischdekoration bis hin natürlich zur kulinarischen Offenbarung auf dem Teller. Für jedes Detail gibt es Punkte.
Und die „Klippengriller“ brachten sich in Form, alles lief perfekt, bis zur großen Katastrophe: Zwei Tage vor der DM 2001 in Tübingen fiel der „Klippengriller“-Chefkoch aus. Er musste arbeiten am Meisterschaftswochenende. Nun sollte es auch ohne Koch gehen.
Alle Gerichte wurden auf Papier skizziert, damit im Eifer des Gefechts jeder wusste, wo Fleisch, Beilage, Salat, Sauce und Dekoration ihren Platz auf dem Teller hatten. Und der Lohn blieb nicht aus. Die „Klippengriller“ wurden Vizemeister in der Kategorie Bratwurst. Der erste Titel! Ihm sollten weitere folgen …

Fisch

Die „Klippengriller“ sind Mädels und Jungs von der Küste, da ist natürlich auch der Fisch ihre Leidenschaft. Fast alle Fische eignen sich zum Grillen. Die größeren gehören in die Fischzange. Feine Sorten (Seezunge, Scholle) kommen auf eine gebutterte Alu-Folie oder werden ganz darin eingeschlagen.
Am meisten freuen sich die „Klippengriller“ auf die Heringszeit. Ihre „Ostseewellen“ (Seite 18) sind genauso einfach wie lecker!

Klippengriller
world wide barbecue
Klippengriller
Klippengriller
Aktionspackung
PREMIUM QUALITÄT
Der Sommer-Hit!
Buchen-Retorten
GRILL
HOLZKOHLE
5kg

Ostseewellen

Einkaufsliste:

Pro Person 1 Hering, kleine Champignons, Paprikastücken, Cocktailtomaten, Zitronensaft, Salz, Pfeffer, durchwachsener Speck in dünnen, langen Scheiben

Zutaten:	Zubereitung:
Hering	ausnehmen und filetieren, dann mit
Zitronensaft, Salz, Pfeffer	säubern, säuern, salzen und pfeffern.
	Auf jedes Filet eine dünne lange Scheibe
durchwachsenen Speck	legen, mit einem Schaschlik-Spieß aus Holz einmal durchstechen, nach Wahl einen
kleinen Champignon, eine Cocktailtomate oder/und Paprikastückchen	aufspießen, wieder durch Hering und Speck stechen usw. sodass eine Welle entsteht.
	Etwa 5 Minuten bei mittlerer Hitze grillen.

Boddenzander mit Kartoffelkruste auf Paprikaschaum

Einkaufsliste:

4 Portionen Zanderfilet, Salz, Pfeffer, Zitronensaft, 1 Becher Crème fraîche, 1 Bund Dill, 1 Zweig Liebstöckel, 5 kleine Pellkartoffeln, 2 rote Paprika, 1 Frühlingszwiebel, 1 Knoblauchzehe, 80 ml Weißwein, 200 ml Fischfond, Olivenöl, kleine Basilikumblätter

Zutaten:	Zubereitung:
2 rote Paprika	halbieren und säubern, in der Grillschale grillen, bis die Haut braun wird. Haut abziehen, Paprika mit
gehackter Zwiebel und Knoblauch	in Olivenöl andünsten, mit
Weißwein und Fischfond	aufgießen, 10 Minuten ziehen lassen. Danach pürieren, passieren und Basilikumblätter einwerfen.
Pellkartoffeln	fast gar kochen (gleich mit Salz)
1 Becher Crème fraîche	mit gehacktem
1 Bund Dill, 1 Zweig Liebstöckel	verrühren.
4 Zanderfilets	säubern, säuern, salzen, pfeffern und mit Crème fraîche bestreichen.
5 gegarte Pellkartoffeln	in Scheiben schneiden und schuppenförmig auf dem Zander verteilen. Mit Eigelb bestreichen. Auf eingeölte Aluschale setzen und bei geschlossenem Deckel und geringer Hitze 15–20 Minuten grillen, bis die Kartoffeln braun werden.

Soße auf dem Teller anrichten und den Zander darauf setzen.

Neuhof
Seehof
Steinort
Seebad Wendorf
Wendorf

Dorschroulade in zarter Gemüsesuppe

Einkaufsliste:

400 g Dorschfilet, Salz, Zitronensaft, 1 Becher Crème double, 3 Frühlingszwiebeln, 1 Bund Dill, je ein Paprika grün, rot und gelb, 1 Glas Maiskölbchen, 400 ml Fischfond

Zutaten:	Zubereitung:
400 g Dorschfilet	in dünne Scheiben schneiden, säubern, säuern, salzen.
1 Becher Crème double	mit
gehacktem Dill und	
püriertem Zwiebellauch	verrühren. Crème auf die Filets streichen. Auf mit Olivenöl gut bestrichene Alufolie legen und fest einwickeln. Rouladen im geschlossenen Grill bei schwacher Hitze 10–15 Minuten garen.
	Für die Suppe
3 Frühlingszwiebeln	in feine Ringe und
Paprika (grün, rot, gelb)	in Streifen schneiden, in
Olivenöl	anschwitzen. Mit
400 ml Fischfond	angießen.
Maiskölbchen	dazugeben, aufkochen lassen.
	Die Suppe auf Teller füllen. Die Dorschroulade aus der Folie nehmen, in zentimeterdicke Scheiben schneiden und in der Suppe anrichten. Mit Dill garnieren.

Kräuterforelle

Einkaufsliste:

Pro Person: 1 Forelle (küchenfertig ausgenommen), Zitronensaft, Salz, Pfeffer, je ein Bund Dill, Petersilie, Zitronenmelisse, 100 g Butter, 100 g Lauch, 100 g Möhren, Worcestersauce

Zutaten:	Zubereitung:
1 Forelle	säuern, salzen und pfeffern.
Je 1 Bund Dill, Petersilie und Zitronenmelisse	grob hacken, Kräuter in den Bauch der Forelle füllen.
	Alufolie mit reichlich Butter bestreichen, den Fisch darauf legen, mit
Worcestersauce	würzen.
Je 100 g Lauch und Möhren	in Streifen schneiden und zum Fisch legen.
3 Butterflocken	auf der Forelle verteilen, dann Fisch, Kräuter und Gemüse dicht in die Alufolie einwickeln und 15 Minuten grillen

Schollenroulade

Einkaufsliste:

4 Portionen Schollenfilet, 100 g Lachsfilet, 100 g Krabben, 100 g Möhren, Lauch, Worcestersauce, Zitrone, Salz, Pfeffer, Butter

Zutaten:	Zubereitung:
4 Schollenfilets	werden ausgelegt und mit
Zitrone, Worcestersauce sowie Salz und Pfeffer	gewürzt.
100 g Lachsfilet	werden mit einem scharfen Messer ganz fein geschnitten und dann auf die Schollenfilets gelegt. Darüber kommen jetzt die
100 g Krabben,	die in Stifte geschnittenen
100 g Möhren und das Lauch.	
	Dann werden die Fischrouladen gerollt und auf die gut gebutterte Alu-Folie gelegt.
	Etwa 5 Minuten bei mittlerer Hitze grillen.

Exotische Fischspiesse mit Currysauce

Einkaufsliste:

500 g Seelachsfilet, Zitronensaft, 1 kleine Dose Ananas (Stücke), 4 Zwiebeln, 1 rote Paprika, Salz, Pfeffer, 2 El Öl, 1 Becher Crème fraîche, 2 El Mayonnaise, 2 Tl Currypulver

Zutaten:	Zubereitung:
500 g Seelachsfilet	säubern und säuern
Ananasstücke	auf ein Sieb geben, den Saft auffangen.
4 Zwiebeln	schälen und halbieren,
1 rote Paprika	putzen und in mundgerechte Stücke schneiden. Die Zutaten abwechselnd auf Spieße stecken, mit
Salz und Pfeffer	würzen. Mit Öl bestreichen und unter häufigem Wenden 10–15 Minuten grillen.
	Dazu schmeckt Currysauce perfekt:
1 Becher Crème fraîche	mit
2 El Mayonnaise	glatt rühren und mit
Salz, Pfeffer, Currypulver	und dem aufgefangenen
Ananassaft	abschmecken.

„Worldwide Barbecue“

Nach den ersten Erfolgen wurde aus dem Hobby Grillen fast Besessenheit. Die ersten Titel (Deutscher Vizemeister Bratwurst 2001, Deutscher Vizemeister „Dessert“ 2002, Deutscher Meister „Fisch“ 2002) kamen so schnell und einfach, dass die „Klippengriller“ nun die Welt mit ihren Rezepten erobern wollten. Nach den Weltmeisterschaften in Kapstadt (5. Platz Kategorie „Fisch“) und San Diego/Kalifornien (3. Platz „Geflügel“) war die Teilnahme am „Jack Daniel's-Invitational Barbecue“ in Lynchburg/Tennessee der absolute Höhepunkt für Mecklenburg-Vorpommerns Grillbotschafter. Denn zu diesen Meisterschaften kann man sich nicht einfach anmelden, man wird eingeladen. Das „Jack-Daniel's Invitational Barbecue“ stellt so etwas wie die Champions League der Grillexperten dar im Mutterland des Barbecue.

Aus Tennessee brachten die „Klippengriller“ neben vielen Erlebnissen auch aromatisch duftende Holzspäne mit – geschreddert aus alten Whiskey-Fässern. Ein paar dieser Späne in der Glut verleihen jedem Fleischgericht ein ganz besonderes Aroma.

Fleisch

Mariniertes Fleisch aus der Supermarkt-Kühltruhe ist für die „Klippengriller“ die berühmte „Katze im Sack“. Sie kaufen lieber ursprüngliches Fleisch und grillen oder marinieren es selbst. Dabei hat der Eigengeschmack des Fleisches höchste Priorität.

Fast alle Sorten Fleisch eignen sich für den Grill. Die „Klippengriller“ feierten mit Fleisch ihre größten Erfolge. Mit dem Rinderfilet in Brotkruste auf Seite 34 wurden sie Deutsche Meister 2003 in der Kategorie „Fleisch“.

Jungschweinekeule im Heubett gergrillt

Einkaufsliste:

1–2 kg Schweinekeule ohne Knochen, Salz, Pfeffer, Walnussöl, 300 g Steinpilze, Butter, 50 g Schalotten, 100 ml Schlagsahne, 1 Beutel Heu (vom Bauern, aus dem Zooladen oder selbst getrocknet), 1 Glas Bier, 3 El Zucker

Zutaten:	Zubereitung:
Schweinekeule salzen, pfeffern	und mit
Walnussöl	einreiben. 2 Tage im Kühlschrank marinieren. Wo der Knochen war, wird die Keule mit Steinpilzen gefüllt:
300 g Steinpilze	großzügig schneiden und mit
Pfeffer	in der
Butter	schnell braun rösten. Mit den gewürfelten
50 g Schalotten	vermengen und salzen und die
geschlagene Sahne	dazugeben. Jetzt die Keule mit der Schwarte nach oben in reichlich
Heu	einwickeln und dann in Alufolie einschlagen.

Bei 180 °C im geschlossenen System je kg Fleisch eine Stunde garen lassen. Dann die Folie öffnen, das Heu nach unten schieben.

1 Glas Bier mit 3 El Zucker	verrühren und damit das Schwein ständig überpinseln, bis es goldbraun und knusprig ist.

Zum Servieren das Heu vollständig entfernen.

Schweinshaxe „Alter Fritz“ mit Krautsalat

Einkaufsliste:

750 g–850 g Schweinshaxe, Salz, Pfeffer, Störtebeker Schwarzbier, 1/4 Weißkohl, Zucker, Pflanzenöl, Kräuteressig oder Zitronensaft

Zutaten:	Zubereitung:
750 g–850 g Schweinshaxe	mit
Salz und Pfeffer	würzen und im Backofen oder indirekt auf dem Grill (mit Deckel) ca. 90 Minuten bei mittlerer Hitze (ca. 150 °C) backen. Alle 15 Minuten mit
Störtebeker Schwarzbier	übergießen, bis die Haxe knusprig und wunderschön braun ist.
	Für den Krautsalat
1/4 Weißkohl	befreien und den Strunk entfernen. Weißkohl mit
Salz und Zucker	würzen (mit den Händen kräftig einmassieren).
Kräuteressig oder Zitronensaft	erst dann dazugeben. Pflanzenöl macht den Salat geschmeidig und kommt erst am Schluss dazu.

Rinderfilet mit Brotkruste

Einkaufsliste:

300 g Rinderfilet, je 1 Paprika rot, gelb, grün, 5 schwarze Oliven, 1 Knoblauchzehe, 1 cl Whiskey „Jack Daniel's", 150 g etwas älteres Schwarzbrot (ohne Rinde), 2 Eigelb, Salz, Pfeffer, Thymian

Zutaten:	Zubereitung:
Paprika (rot, gelb, grün)	putzen und halbieren, in der Aluschale grillen, bis die Haut sich bräunt und Blasen wirft. Haut abziehen, Paprika in kleine Würfel schneiden.
5 schwarze Oliven	entkernen und in kleine Würfel schneiden.
Knoblauchzehe	klein hacken, mit
1 cl Whiskey „Jack Daniel's"	vermischen. Paprika, Oliven und
150 g etwas älteres Schwarzbrot	würfeln, mit den anderen Zutaten vermischen.
2 Eigelb dazugeben,	mit
Salz, Pfeffer und Thymian	abschmecken.
300 g Rinderfilet	bei großer Hitze von allen Seiten schnell und scharf angrillen, dann mit der Brotmasse bestreichen und 5–10 Minuten bei kleiner Hitze indirekt weiter grillen.

Gegrillter Lammsattel

Einkaufsliste:

1 Lammrücken, 1 El Thymianblättchen, 1 El Rosmarinnadeln gehackt, 1 Knoblauchzehe, schwarzer Pfeffer, getrocknete Tomaten, geriebene Zitronenschale von einer Zitrone

Zutaten:	Zubereitung:
Lammrücken	Knochen vom zur Hälfte frei schaben (macht auch der Fleischer). Das Rückenfleisch an der Wirbelsäule so lösen, dass eine Tasche entsteht, in die die Füllung eingestrichen werden kann.
1 El Thymianblättchen, 1 El Rosmarinnadeln gehackt, 1 Knoblauchzehe, schwarzer Pfeffer, getrocknete Tomaten, geriebene Zitronenschale	im Mixer zu einer Paste verarbeiten, den Lammrücken damit ausstreichen. Alles in Folie wickeln und 1–2 Tage im Kühlschrank marinieren. Lammrücken bei größter Hitze auf dem Grill bräunen und danach ca. 30 Minuten in der Alu-Schale bei mittlerer Hitze garen.
	Dazu passt perfekt ein Ratatouille.

Perlhuhn „Alter Fritz“ mit Grillbanane

Einkaufsliste:

150 g frische Perlhuhnbrust, 50 g frische Pilze, 10 g Butter, 2 cl Sahne, 1 El Honig, 1 Ei, Petersilie, 1 Banane

Zutaten:	Zubereitung:
50 g frische Pilze und die Petersilie	mit einem Messer fein hacken.
2 cl Sahne, 10g Butter	dazugeben und mit
Salz und Pfeffer	würzen.
Eigelb	trennen und mit der Pilzmasse vermischen. Mit einem spitzen Messer eine Tasche in die
Perlhuhnbrust	schneiden. Die Pilzmasse mit einem Spritzbeutel in die Tasche drücken. Anschließend die Perlhuhnbrust bei mittlerer Hitze direkt ca. 8 Minuten grillen.
1 Banane	von einer Seite von der Schale befreien, mit Honig und Butter bestreichen.
	Indirekt auf dem Grill bei großer Hitze ca. 8 Minuten backen.

Exotische Hähnchenbrust

Einkaufsliste:

4 Stücke Hähnchenbrust (Putenbrust eignet sich genauso), 1 Banane, 5 Walnüsse, ein paar Rosinen, 4 cl Obstler, Salz, Pfeffer, Curry

Zutaten:

Hähnchenbrust
Salz, Pfeffer und Curry

1 Banane
5 Walnüsse

Rosinen
Obstler

Zubereitung:

In die eine Tasche schneiden, mit würzen.

Für die Füllung in kleine Würfel schneiden, grob hacken.
Banane und Nüsse mit gut vermischen und mit einem marinieren.

Damit das Fleisch füllen und je 8 Minuten von beiden Seiten direkt goldbraun grillen.

Als Beilage empfehlen wir einen frischen Salat und Knoblauchbaguette.

Hähnchenbrust „Gorgonzola“

Einkaufsliste:

4 Stücke Hähnchenbrust (Putenbrust eignet sich genauso), 100 g Gorgonzola, 50 g frische Champignons, 1 Bund Schnittlauch, 1/2 Zwiebel, 2 Eier, Pfeffer

Zutaten:	Zubereitung:
	In die
Hähnchenbrust	eine Tasche schneiden, mit
Pfeffer	würzen. Kein Salz! (Gorgonzola ist salzig genug.)
	Für die Füllung
100 g Gorgonzola,	
50 g frische Champignons,	
1/2 Zwiebel	klein hacken.
1 Bund Schnittlauch	ebenso in kleine Röllchen schneiden, mit
2 Eiern	vermischen und die Hähnchenbrüste damit füllen.
	Bei geringer Hitze 20–25 Minuten grillen.
	Dieses Gericht gelingt besonders gut im geschlossenen Grill (Kugelgrill).

Gefülltes Schweinefilet

Einkaufsliste:

4 Schweinefilets, 500 g durchwachsener Speck in dünnen Scheiben, 2 El Öl, 1 Bund Thymian, Wacholderbeeren, 150 g Walnüsse, 300 g junger Peccorino, 150 g Feta, mittelscharfer Senf

Zutaten:	Zubereitung:
4 Schweinefilets	längs aufschneiden und plattieren. Mit
Senf *Salz und Pfeffer*	bestreichen, mit würzen. Angebratene
Speckwürfel, *300 g jungen Peccorino,* *150 g Feta,* *150 g gehackte Walnüsse,* *gehackte Wacholderbeeren*	vermischen und auf den Filets verteilen. Die gefüllten Filets nun zusammenrollen und
500 g dünne, durchwachsene Speckscheiben	längs auf die zusammengerollten Filets legen. Filets mit Band zusammenhalten.
	Schweinefilets auf dem Grill bei großer Hitze bräunen, damit sich die Poren schließen. Danach in der Aluschale 20–25 Minuten bei mittlerer Hitze im geschlossenen System garen.

Das 1 x 1 des Drumherum

Grillen ist nicht nur das Garen von Fisch, Fleisch oder Gemüse über glühender Holzkohle. Es ist ein Fest der Sinne an frischer Luft nicht nur für den Geruchs- oder den Geschmackssinn, auch „das Auge isst mit"! Für die meist maritime Tischdekoration sind die „Klippengriller" bei Meisterschaften schon berühmt: Mit Muscheln, Seekarten, kleinen Möwen und anderen Accessoires aus Ton holen sie ein Stückchen Mecklenburg-Vorpommern auf die Barbecue-Meisterschaften rund um die Welt.

Genauso wichtig wie die bekannten fünf Sinne ist beim Grillen auch der Gemeinschaftssinn. Die „Klippengriller"-Partys beziehen die Gäste mit ein. Gemüse putzen, Spieße stecken, eine Sauce rühren, den Tisch decken und dekorieren: Alles geht gemeinsam schneller und lässt das Garen auf dem Rost nur zu einem Bestandteil einer gelungenen Grillparty werden.

Beilagen

Beilagen laden zum Experimentieren ein. Während bei der Zubereitung von Fleisch einige Grundregeln zu beachten sind, lässt sich bei Saucen, Chutneys und Salaten immer wieder etwas Neues ausprobieren. Nach der „Versuch-macht-klug"-Methode kombinieren die „Klippengriller" immer wieder neue Zusammensetzungen. Die besten auf diese Weise erprobten Rezepte stehen in diesem Grillbuch, die anderen … bleiben das Geheimnis der „Klippengriller". Bewährtes allerdings sollte man nicht mehr ändern, man sollte es auch weitergeben, wo immer sich die Gelegenheit bietet: Das Chutney von Thomas Haases Nachbarin Frau Maier beispielsweise ist unübertroffen.

Chemviron Carbon

Apfel-Chutney à la Frau Maier

Einkaufsliste:

1 kg feste Äpfel, 150 g große Zwiebeln, 2 El Ingwerwurzel, 150 g Rosinen, 1 El Senfkörner, 1 gestr. El Salz, 1 Prise Cayennepfeffer, 1/4 l Weinessig, 600 g brauner Kandis

Zutaten:	Zubereitung:
1 kg Äpfel	schälen, vierteln, Kerngehäuse entfernen und in feine Streifen schneiden.
150 g Zwiebel	würfeln,
Ingwer	in feine Streifen schneiden.
	Alle Zutaten gut vermischen, zum Kochen bringen und unter Rühren 30–40 Minuten dick einkochen lassen. Sofort in heiß ausgespülte „twist-off"-Gläser füllen, nach dem Verschließen das Glas 5 Minuten auf den Kopf stellen.

Apfel-Chutney à la Frau Maier erreicht sein volles Aroma, wenn es mindestens 4 Wochen an einem kühlen, dunklen Ort geruht hat. Es passt ideal zu gegrilltem Fleisch.

Sellerie-Orangensalat mit Nussdressing

Einkaufsliste:

1 Sellerieknolle (geputzt ca. 500 g), 4 Orangen (geschält ca. 500 g), 2 El Zitronensaft, 100 g Kefir (1,5 % Fett), 1 gehäufter El gemahlene Haselnüsse, Salz, Pfeffer, Zucker, geriebene Orangenschale einer 1/2 unbehandelten Orange

Zutaten:	Zubereitung:
500 g Sellerie	schälen, putzen, schälen. Dann grob raffeln und mit
Zitronensaft	mischen.
4 Orangen	schälen, die Filets zwischen den Fruchthäuten herauslösen, halbieren und unter die Sellerieraspel mischen.
100 g Kefir	mit
1 El gemahlenen Haselnüssen	und mit
Salz, Pfeffer, Zucker, geriebener Orangenschale	verquirlen, abschmecken und unter die Rohkost mischen.

Chicoréesalat

Einkaufsliste:

500 g Chicorée, 200 g blaue Weintrauben, 1 Bund Radieschen, 200 g gekochter Schinken, 1 Dose (200g) Erbsen, 1 Kästchen Kresse, 1 Becher (175 g) Sahne-Dickmilch (10% Fett), 1 Eigelb, 2 El Honig, Zitronensaft, weißer Pfeffer, Salz

Zutaten:	Zubereitung:
500 g Chicoréestauden	halbieren, den Strunk keilförmig herausschneiden und die Blätter der Länge nach in Streifen schneiden.
200 g blaue Weintrauben	waschen, die einzelnen Beeren halbieren und dabei die Kerne entfernen.
1 Bund	Radieschen waschen, putzen und hobeln,
200 g gekochten Schinken	in Streifen schneiden,
200 g Erbsen	abtropfen lassen, alles vermischen.
1 Kästchen Kresse	grob hacken und unterheben.
1 Becher Sahne-Dickmilch	mit
1 Eigelb, 2 El Honig und etwas Zitronensaft	verrühren, mit
Salz, Pfeffer	abschmecken und die Sauce unter den Salat mischen.

Englische Apfelsauce (passt gut zu Schwein)

Einkaufsliste:

500 g säuerliche Äpfel, 1 El Butter, 1 El brauner Zucker, 1/8 l Wasser, 1 Zimtstange

Zutaten:	Zubereitung:
500 g säuerliche Äpfel	ungeschält in kleine Stücke mit
Butter und Zucker	in einen Topf geben und heiß werden lassen. Mit
1/8 l Wasser	übergießen, mit
1 Zimtstange	würzen. Zugedeckt 25 Minuten köcheln lassen, dann durch ein Sieb passieren.

Lämmertraum

Einkaufsliste:

10 Backpflaumen, 2 cl Slibowitz, 1 Tl Kapern, 1 El mittelscharfer Senf, 125 g Johannisbeergelee

Zutaten:	Zubereitung:
10 Backpflaumen	klein schneiden und für einige Stunden im
Slibowitz	marinieren. Pflaumen dann mit
Kapern	im Mörser zerreiben. Die Masse mit
Senf, Johannisbeergelee und Slibowitz-Rest	zu einer Sauce verrühren, die besonders gut zu Lamm schmeckt.

Grillen mit den Klippengrillern

Die „Klippengriller“ sind offizieller „Barbecue-Entertainment-Weltmeister“ 2002. Wo sie auftauchen, werden neben Fleisch und Fisch auch Spaß und Freude serviert. Die „Klippengriller“ legen mittlerweile auf vielen Volksfesten auf, sie grillen aber auch individuelle Menüs auf Hochzeiten, Geburtstagsfeiern und Firmenjubiläen. Selbst Barbecue-Lehrgänge mit den „Klippengrillern“ sind mittlerweile möglich. Kontakt mit den Grillmeistern lässt sich am einfachsten übers Internet aufnehmen: www.klippengriller.de.

Desserts

Sie sind die „Hohe Schule“ des Barbecue. Die exklusive, leicht rauchige Note eines Desserts vom Grill kombiniert mit der Süße von Früchten, Eis oder Eischnee ist unübertroffen.
Besonders verliebt sind die „Klippengriller“ in die Kombination von Whiskey, Obst und leicht gebräuntem knusprigem Eischnee. Die „Königsdisziplin“ des Dessertgrillens ist das gegrillte Eis. Wenn Ihnen die „Heiß-Kalt“-Kombination gelingt, werden ihre Gäste mit Ovationen nicht sparen.

Klippengriller
world wide barbecue
QUALITÄT
Der Sommer-Hit!
Buchen-Retorten
GRILL
HOLZKOHLE
5kg

Birnenigel

Einkaufsliste:

1 Dose Birnen, 1 Ei, 1 El Zucker, 2 El gemahlene Mandeln, 1 Pckg. Blätterteig, 1 El Mandelstifte, 12 Rosinen, Schokosirup, Karambolen, Erdbeeren und Kiwi zum Garnieren.

Zutaten:

Eiweiß
Zucker
Gemahlene Mandeln

Blätterteig
Eigelb

Mandelstifte
Rosinen

Schokosirup
Karambolen, Erdbeeren und Kiwi

Zubereitung:

Backofen auf 200°C vorheizen.
mit
steif schlagen.
unterheben. Damit die Birnenhälften füllen. Danach in
hüllen. Mit
bestreichen. Igelgesicht mit spitzer Nase formen.
werden die Igelstacheln.
werden Igelaugen und Igelnase.

Etwa 15 Minuten im Backofen grillen. Dabei den Grillprozess überwachen.

Anschließend den Birnenigel auf
anrichten und mit
garnieren.

Gegrillte Ananasscheiben

Einkaufsliste:

1 frische Ananas, 50 g Whiskey „Jack Daniels“, 50 g Honig

Zutaten:	Zubereitung:
1 Ananas	schälen und in ca. 1 cm dicke Scheiben schneiden.
50 g Whiskey „Jack Daniels“ *50 g Honig*	mit verrühren.
	Ananasscheiben mit der Whiskey-Honigmasse bestreichen und direkt (bei mittlerer Hitze) von beiden Seiten goldbraun grillen.

Gegrillter Obstsalat

Einkaufsliste:

2 Honigmelonen (1/2 pro Person), 2 Bananen, 1 Papaya, 1 Mango, 1 Dose Ananas, 1 Kiwi, 1 Orange, 1 Grapefruit, Zitronensaft, 2 Eiweiß, Puderzucker, Whiskey

Zutaten:	Zubereitung:
Honigmelonen	kronenförmig aufschneiden und aushöhlen. Aus
2 Bananen, *1 Papaya,* *1 Mango,* *1 Dose Ananas,* *1 Kiwi,* *1 Orange,* *1 Grapefruit,*	einen Obstsalat bereiten. Dabei die Bananen mit
Zitronensaft	beträufeln. Obstsalat in die Melonenhälften füllen.
2 Eiweiß *Puderzucker* *Whiskey*	mit und einem Schuss aufschlagen und über den Salat geben.
	Obstsalat nun indirekt grillen, bis der Eischnee stockt und das Häubchen eine bräunliche Färbung bekommt.

Gegrillte Babyananas

Einkaufsliste:

Pro Person: 1 Babyananas, 150 g Erdbeeren, 1 Bund Minzeblätter, etwas Walnussöl, 200 g Ricottakäse, 1 Tl fein geriebene Zitronenschale, 2 Tl Honig, 1 Ei, 1 Tl Puderzucker, 1 Prise Salz

Zutaten:	Zubereitung:
Babyananas	quer aufschneiden (Deckel für Dekoration aufbewahren) und aushöhlen.
Minzblätter	hacken und mit
Walnussöl	zu einer geschmeidigen Masse anrühren (Minzpesto).
Erdbeeren	waschen, putzen, mit dem Minzpesto vermengen und in die Ananas füllen.
200 g Ricottakäse	abtropfen und durch ein Sieb streichen. Mit
1 Tl fein geriebener Zitronenschale, 2 Tl Honig und 1 Eigelb	vermengen.
1 Eiweiß, 1 Tl Puderzucker und 1 Prise Salz	aufschlagen und unter die Käsemasse heben. Diese Masse auf die Erdbeeren in der Ananas geben.

Babyananas auf einer Isoplatte (z.B. Schamotte) auf den Grill setzen, damit die direkte Hitze von unten abgeschirmt wird. Bei geschlossenem Deckel ca. 3–5 Minuten überbacken, bis der Käse leicht gebräunt ist.

Gegrilltes Eis

Einkaufsliste:

8 Obsttörtchen, ca. 200 g Erdbeeren, Kiwi oder Pfirsiche, 6 Eiweiß, 1/2 l Vanillepudding, 3 Tl Puderzucker, 1 Prise Salz, 1 l Speiseeis (Geschmack nach Belieben)

Zutaten:

1/2 l Vanillepudding
2 steif geschlagenen Eiweiß
8 Obsttörtchen

Erdbeeren, Kiwis oder Pfirsichen
Eiweiß von 4 Eiern
3 Tl Puderzucker und 1 Prise Salz
8 Kugeln Speiseeis

Zubereitung:

zubereiten und mit
aufpeppen. Die
mit dem Pudding bestreichen.
Den Rand der Törtchen mit in
Scheiben geschnittenen
belegen.
sehr kalt mit
steif schlagen
im Gefrierschrank auf
– 18 °C herunterkühlen, dann je
1 Kugel auf die Törtchen setzen.
Sofort Eischnee darüber, damit
vollständig das Eis abdecken
(Isolator).

Törtchen 2–4 Minuten sehr heiß (230 °C) mit geschlossenem Deckel grillen, bis der Eischnee anstockt und sich bräunlich verfärbt.

Tipp: Setzen Sie die Törtchen auf eine feuerfeste, isolierende Unterlage (Schamotte-Stein).

A – Z – Tipps der Klippengriller

Anzünden – Ein Anzündkamin aus dem Baumarkt sorgt für die beste Glut.

Bier – Flammen auf dem Grill niemals mit Bier oder Wasser ablöschen, da damit die Asche aufgewirbelt wird und an das Grillgut kommt.
Bier also lieber in die Kehle als in die Kohle!

Chutney – Als Alternative zu Senf und Ketchup bietet sich Chutney an. Einfach Obst (im Prinzip egal welches) mit Zwiebeln, Essig und Zucker zu einem Brei kochen.

Durchgaren – bei Geflügel wichtig. Beim Anschneiden darf kein Fleischsaft austreten.

Einlegen – Schweine- und Hühnerfleisch ja, Rindfleisch bitte nicht.

Fett – ist Geschmacksträger, also sehr wichtig! Außerdem trocknet Fleisch nicht so schnell aus. Achten Sie auf gute Marmorierung des Fleisches.

Gemüse – Paprika, Zucchini und Tomaten eignen sich perfekt zum Grillen, egal, ob gefüllt oder pur.

Halloumi – ist die Nationalspeise Zyperns. Der grillfeste Käse entsteht aus einer Mischung von Schafs- bzw. Ziegen- und Kuhmilch.

Indirekt grillen – so grillen die Meister! Entweder mit Kugelgrill (je größer, desto besser).
Klippengrillertipp: Ein großer Kochtopf auf einem normalen Grill tut's erst mal auch.

Joghurtsauce – in vielen Variationen ein kalorienarmer Traum.

Kräuter – Grillkräuter (getrocknet oder frisch) erst 5 Minuten vor Schluss in die Glut streuen.

Lampions – dürfen natürlich auf keinem der beliebten „Klippengriller-Feste“ fehlen.

Medium – Rindfleisch schmeckt medium gegrillt am besten, Fleisch 2–3 cm dick schneiden, je 3–4 Minuten bei starker Hitze angrillen, würzen und dann 5 Minuten bei schwacher Hitze ruhen lassen.

Neugierig – Probieren Sie doch auch mal neue Rezepte aus – und verraten Sie diese dann den „Klippengrillern“ (www.klippengriller.de).

Obstler – verleiht Obstsalat erst das richtige Aroma.

Pfeffer – am besten immer frisch gemahlen aus der Mühle.

Quark – Versuchen Sie doch mal Radieschenquark für die Backkartoffel: Radieschen + Zwiebelwürfel + Salz + Quark = fertig.

Rosmarinzweige – Wenn Sie Fleisch auf dem Grill zubereiten, legen Sie Rosmarinzweige in die Glut, das gibt eine sehr aromatische Note.

Smoking Chips – Obstbaumhölzer, Eiche o.ä. hobeln und in die Glut werfen. Gibt ein herrliches Aroma.

Temperatur – „Klippengriller“-Grundregel: Scharf angrillen und dann weg von der Flamme – je niedriger die Temperatur (ca. 150° C), desto zarter das Fleisch.

Unterhaltung – Gute Laune und ein lockerer Spruch sind wichtig, die „Klippengriller“ sind immerhin Entertainment-Weltmeister.

Verführung pur – sind die vielen „Klippengriller“-Desserts.

Wild spicken – Probieren Sie einmal Wild ohne Speck, denn der trägt wenig zum Geschmack bei. Verwenden Sie lieber Knoblauch oder Zwiebeln.

Xperimentieren – Alle Rezepte sind zuerst im „Klippengriller“-Garten und dann auf Meisterschaften ausführlich getestet worden.

Zeit – die wichtigste Grillregel zum Schluss: GRILLEN BRAUCHT ZEIT!!! Früh anfangen, zusammen vorbereiten, mehrere Gänge probieren!

Register

Vorspeisen

Fisch

Fleisch

Beilagen

Desserts

DER REDAKTEUR

Uwe Grützmacher, geboren am 7. Dezember 1967 in Crivitz bei Schwerin, fuhr schon mit drei Jahren in einem echten Rundfunk-Ü-Wagen. Zwar nur als Zuschauer, denn sein Großvater war Fahrer und Techniker, aber die Begeisterung für das Radio wurde sicher damals geweckt.
Die Ausbildung in späteren Jahren zum Studiotechniker war also nur folgerichtig. Ende 1989 wechselte Uwe Grützmacher die Seite der Studioscheibe, wurde Reporter und Moderator.
Es folgten weitere Stationen in der Sportredaktion und in der Magazin- und Unterhaltungsredaktion von NDR 1 Radio MV.
Hier lernte er dann auch die Klippengriller kennen und mit ihnen eine ganz neue und faszinierende Welt des geliebten Grillens.

DIE FOTOGRAFIN

Christine Becker, 1956 in Wismar geboren, absolvierte eine Fotografenlehre und von 1977 bis 1982 ein Studium an der Hochschule für Grafik und Buchkunst in Leipzig, Fachrichtung Fotografie. Seit 1986 arbeitet Christine Becker als freie Fotografin und wohnt vor den Toren Schwerins in einem alten Haus. Christine Becker ist eine große Gartenliebhaberin und züchtet seltene Pflanzen. Ihre besondere Liebe gilt der Christrose.
Bereits erschienene Bücher:
Fotografien zu „Der Topfgucker des Nordmagazins auf N 3“, Hinstorff Verlag, Rostock 2000.
Fotografien zu „Der Sonntagskuchen von NDR 1 Radio MV“, Hinstorff Verlag, Rostock 2001.
Fotografien zu „Neues vom Sonntagskuchen von NDR 1 Radio MV“, Hinstorff Verlag, Rostock 2002, und zu „Himmlische Sonntagskuchen“, Hinstorff Verlag, Rostock 2003.

Frequenzkarte NDR 1 Radio MV

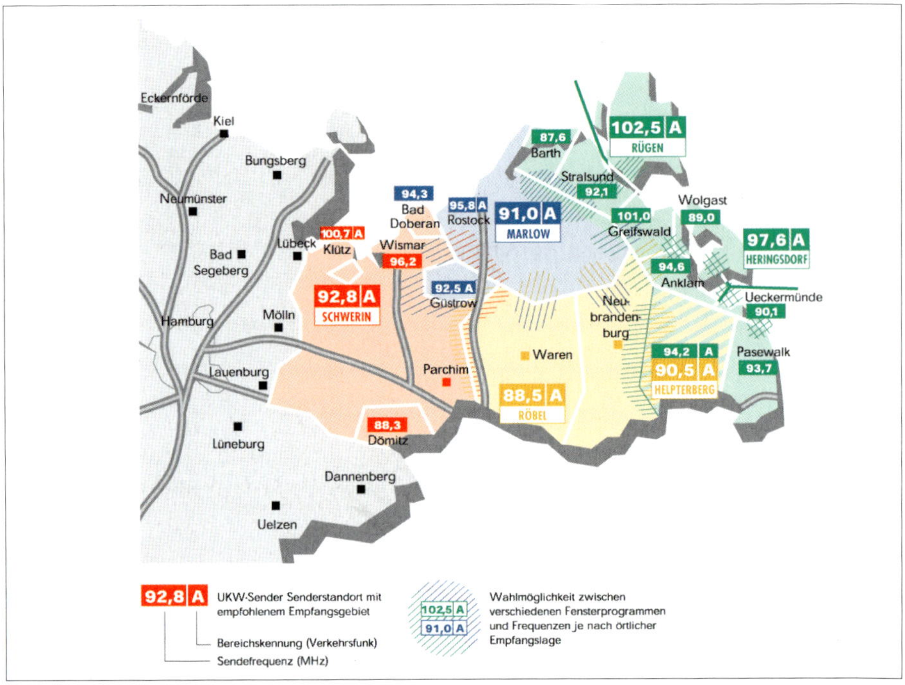